Ana Luísa Melo

Liberdade e consequência

Catalogação na publicação
Elaborada por Bibliotecária Janaina Ramos – CRB-8/9166

M528L

Melo, Ana Luísa

Liberdade e consequência / Ana Luísa Melo. – Belo Horizonte: Quixote+DO, 2024.

76 p.; 12 X 18 cm

ISBN 978-85-66256-73-4

1. Política. 2. Feminismo. 3. Assistência social. I. Melo, Ana Luísa. II. Título.

CDD 320

Índice para catálogo sistemático

I. Política

Nesta edição respeitou-se o acordo ortográfico da língua portuguesa de 1990, que entrou em vigor no Brasil em 2009.

Quixote+Do Editoras Associadas
Rua Alagoas 1270 - sala 304
www.quixote-do.com.br
https://www.facebook.com/QuixoteDoEditora/
https://www.instagram.com/quixote.do/
https://www.youtube.com/c/QuixoteDoEditorasAssociadas

Ana Luísa Melo

Liberdade e consequência

Quixote + Do
EDITORAS ASSOCIADAS

AUTODESCRIÇÃO

Ao que tudo indica, juntamente com um bom título, tenho que ser apresentável. Devo me apresentar com persuasão, senão não adquirem o livro. Então vamos lá, em uma palavra. Ativista. Ana Luísa Melo passa a ser "Ativista de Direitos Humanos" no dia que minha mãe assim me nomeou. Dia 29 de novembro. Dia internacional das mulheres que defendem os Direitos Humanos. No grupo da família, minha mãe indicava o dia e me parabenizava em público. Nasce ali a notoriedade do "posto" para mim. Obrigada, senhora Maria Melo, pela descrição que eu nunca seria capaz de narrar tão perfeitamente. E, nesta enunciação, ela leu um todo. Uma pessoa que trabalha e trabalhou e trabalhará em defesa social, com projetos sociais (genericamente, sem detalhar com que tipo de público-alvo, já que todos são "alvo", e olha que nem gosto dessa palavra, então corre e procura sinônimos, troca por "desígnio", bem melhor agora: desígnio, propósito). O resto é consequência.

RESUMO

Outra constatação. É necessário um resumo. Prevendo aquilo que possa ser escrito aqui, pretendo a autenticidade (que também é independência, autonomia, emancipação, livre-arbítrio, autodeterminação, faculdade, soltura) sobre um ponto de vista da liberdade (genérica, ampla, extensa, gigante) que não diminui ninguém. Ufa. Só de ler já sinto um alívio. Eu como leitora gostaria de aprender sobre isso. Talvez as pessoas também adorariam folhear. É isto. É sobre isso que quero escrever.

PRIMEIRA PARTE 11

CAPÍTULO 1
Você deveria escrever sobre liberdade 13

CAPÍTULO 2
O livro não nasceu ali ainda 17

CAPÍTULO 3
Por onde começo? 21

CAPÍTULO 4
O livro começa cerca de uma semana atrás 24

CAPÍTULO 5
O livro está nascendo 26

CAPÍTULO 6
Vinte e tantas páginas se foram, *habemus* um livro 32

REFERÊNCIAS 34

SUMÁRIO

SEGUNDA PARTE 43

CAPÍTULO 7
Você vai publicar o livro? 44

CAPÍTULO 8
Enquanto a minha amiga não termina de ler o rascunho 47

CAPÍTULO 9
Afinal, o que é ser ativista? 53

CAPÍTULO 10
Finalmente conversei com Raquel sobre o livro 56

CAPÍTULO 11
O fim 60

CAPÍTULO 12
Vão publicar o livro 62

PRIMEIRA PARTE

CAPÍTULO 1

Você deveria escrever sobre liberdade

"Você deveria escrever sobre liberdade". A minha terapeuta sussurrou o *insight*. A gente vinha trabalhando tantos conceitos nas nossas sessões, e de fato delimitamos vários termos importantes, como o amor (outra palavra significativa), que não parecia tão óbvio olhar para a liberdade, apesar de ser urgentemente uma necessidade. É que para mim, um dia, a liberdade, que já me assustou, não me incomodava mais. É que a liberdade incomoda o sistema. É que em algum momento, já era, foi, é (nas várias conjugações verbais) natural e automático a liberdade no meu pensar. E se isso era perceptível por ela, estava na hora de desenhar no papel.

Algumas pessoas me atravessaram o caminho desde então. Uma conversa e outra, algumas recomendações. "Escreve um livro sobre as suas percepções, o que aprendeu, isso pode ajudar pessoas". Eu, que escrevo notas no celular, legendas de redes sociais, cartas e no máximo livros sobre minhas investigações acadêmicas. Como seria isso? Talvez um dia comece. Escreva sem muitas regras. Assim como são os pensamentos fluidos, de uma cabeça que compila e é povoada por trocas e conversas com pessoas inspiradoras. Se um dia fizer sentido escrever algo que ainda falta por aí, escrevo. Se for para escrever, que seja como Sabrina Fernandes, entrelaçando vida pessoal, profissional e política. Porque de fato são um(a) só. Não dá para ser coerente em apenas uma área, ou se é tudo ou nada. Ecofeminista, antiproibicionista, anarcafeminista e outras ideologias convergentes. Aprendi com ela sobre decidir estar num lugar muito específico. Meu destino preferido no mundo (fixo, mesmo para quem anda muito há alguns anos). Meu local preferido no mundo que não é um lugar. É um posicionamento de vida. Quem sabe não é por aí?

E vieram outros encontros, claro, até a conversa terapêutica informal fatídica no sofá de casa (o famoso divã) com uma amiga, Raquel, que me questionou como eu poderia levantar a tal bandeira da liberdade tão contraditória com a pauta do direito à propriedade, num mundo onde nós duas pregamos um caminho contrário ao da acumulação de bens. Juro que num primeiro momento eu não compreendi e fiz um grande esforço para entender de que lugar ela falava, com quais vivências, significados (corta, muito influenciada pelo ciclo da comunicação não violenta, não opressora, que estava a debruçar um pouco mais naquele exato momento da vida). Ela vinha de um local de fala extremamente esclarecido, ideologicamente estávamos posicionadas no mesmo patamar (bem longe do lado perverso do capitalismo, obviamente). Me questionei como poderiam ser coisas divergentes para ela, se para mim a liberdade é a resposta para tudo, está em tudo. Coexiste em perfeita harmonia e sintonia com os demais direitos.

Na minha mentalização, na balancinha da mulher da justiça (pesquisem a imagem) que avalia-compara direitos e aponta qual tem prioridade e que desde que me formei levo sempre comigo para resolução de problemas e outros exercícios psicológicos, de simples a complexos, nessa minha balança mental do que é justo, tende sempre a liberdade como o maior peso no prato de um dos pêndulos.

Bora lá, pensei (desculpa a bagunça de linguagem entre a informalidade e os termos técnicos, é um péssimo hábito da galera que vem do Direito, provavelmente será uma tendência aqui, ou me policiarei, prometo tentar, pelo menos a partir de agora. Nota: retornar na leitura sem perder a fluidez para deixar o mais claro possível, talvez falhe), tricotar e entender o que não encaixava no nosso diálogo, então. Entre explicações sobre as delimitações no juridiquês acerca do direito à propriedade, pontuei: "uma coisa é liberdade, outra coisa é consequência". Temos a liberdade materializada no direito à propriedade e temos inclusive a liberdade materializada no direito de não utilizar ou não atribuir uma destinação correta para a propriedade (ainda que esse direito não exista explicitamente). Todo direito é uma liberdade. Entretanto, se não zelamos por qualquer direito que seja, há consequências, assim como a lei natural da física, toda ação tem uma reação. E daí, na queda de braços (pratos) de direitos, a liberdade sempre vence, primeiro porque ela é a base de qualquer direito e segundo porque ela é potente em qualquer comparação. Sem a destinação correta da propriedade improdutiva, você tem consequências (reação). Simples. Não é a liberdade que não funciona.

Ali ela me devolveu o que até então não era uma verdade clara para mim: não sabemos conceituar liberdade. E mais evidentemente, estamos todes inserides num contexto em que a liberdade tem simbologia predominantemente econômica com valor distorcido e o seu "preço" está fundamentado no capital. Afinal, estávamos falando de propriedade privada, não por coincidência. É que, na real, o liberalismo moderno padece de contradições mal resolvidas. Exalta o individualismo e condena classes sociais, porque ora define uma liberdade opressora (como meu pai autoritário), mas exige um Estado social (que se comporta como a minha mãe protetora). Qualquer pessoa percebe os papéis (de sistemas e de pais) em total dissintonia. E isso diz muito sobre uma base libertária totalmente confusa e extremamente lucrativa. Por fim, ela me entregou o nome do livro que hoje escrevo. "Amiga, taí o nome para o seu livro: *Liberdade e consequência*". Guardei comigo. Fomos dormir.

CAPÍTULO 2

O livro não nasceu ali ainda

O livro não nasceu ali ainda. Era só uma possibilidade. Ou talvez um emaranhado de ideias, ou mais uma das brincadeiras de coisas que dizia que iria fazer no meu futuro, assim mesmo, bem inconscientemente, mas que coincidentemente o futuro se encarregaria de concretizar (claro que não era o futuro 'personalizado', o futuro não é uma pessoa com capacidades, fui eu mesma a responsável, é só a forma de dizer que não foi planejado, aconteceu, como uma força interna natural que move a gente e que talvez seja só a minha maneira leve e livre de ser disponível para as possibilidades, é isso). Nem sequer esse livro estava na minha lista de coisas para fazer antes de morrer. Que aliás, esta lista (que todo mundo tem materializada), nos últimos meses, não acessei mais, porque tenho descoberto sonhos que nem sabia que os tinha (listados ou não) e porque quando acontecem é como se os acessasse num estado dorminhocozinho e os descubro desacordados. Livres. Sonho é adubo livre. Sonhos que nunca imaginei ter. Escrever um livro (mas, na pesquisa) já tinha feito, algumas vezes. Até porque, escrever pautada em dados, na segurança de algo que foi testado e não completamente produzido do zero, sempre foi uma realidade mais fácil de idealizar no conforto da minha insegurança (quando a liberdade ainda não era bem conceituada para mim).

Aliás. Sonho. Sonho é revolução fértil. Sonhar é ferramenta de resistência contra modos limitados de conhecimento e de vida. Por meio dos sonhos fazemos política. Criar condições para outres também sonharem é ser agente transformador de realidades, contra o "não há momento" para sonhos germinarem no sistema em que tempo é dinheiro. No sistema onde pessoas em situação de rua raramente sonham, porque precisam diariamente priorizar o emergencial, o que comer. No sistema em que sonho é luxo.

Aliás. Segurança mesmo encontrei nas citações de outras pessoas, outros autores, outros escritores (inclusive, será que já tenho licença, já posso me autonomear escritora nesta altura da minha escrita?). Achei que quando fosse escrever uma tese seria criar, completamente, totalmente, criar. Um desafio para a minha cabecinha. Não foi, pelo menos, ainda. Mesmo tendo escrito uma tese. Não senti a sensação da liberdade naquela escrita. Até porque a academia ainda é palco/prisão para muita disputa de poder. Universidades controlam/são controladas pela censura de pensamentos dogmáticos (mas isso é pauta para um outro livro). E a liberdade começa, mesmo, quando acaba a produção de ignorância.

Como será que é escrever sem *script*? Será que algum dia vão ler isso daqui? Daqui de onde estou, vejo comentários nesse mesmo futuro sobre a minha forma de escrita (se realmente uma quantidade *ok* de pessoas forem me ler). Será que posso acabar me encaixando num padrão linguístico? Confesso que já li alguns textos meus, no passado, para perceber se escrevo parecido, com estilo, com recorrência literária (nem sei se existe no dicionário). Só para lembrar de escrever mais livremente. Mas, sei lá, acho que nem gostaria de ser esse tipo de rótulo. Cada novo texto pede um ritmo diverso e palavras próprias. Queria, quero escrever o que é necessário. Isso. Se for necessária. Combinar palavras que comunicam para entenderem a minha reflexão e dizerem se estão de acordo e complementarem com mais um tanto de ideias que nunca acessei ou nunca tive a oportunidade de escutar, ler na/da cabeça de outras pessoas.

E então o livro nasce desse apontamento, fazendo uma inscrição num curso/programa de educação política. Na hora de atribuir uma nota para o meu comportamento perante o que pediam, no item o que você entende por: "sair da *Internet* e agir". Tipo de questionamento direcionado que mais responde, pede, do que pergunta. Era um pedido subliminar. Coisa de ativismo: SAIR E AGIR. Eureca. A liberdade não é limitadora, nem xenófoba. Era isso. Faltava isso, na minha liberdade de ser. Sair de algo que sempre me aprisionou (redes sociais, *Instagram*, por exemplo. Deixar de escrever por lá. E agir) e me fortalecer na liberdade que sempre lutei para alcançar (afinal, a liberdade está no meu histórico, aliás de quem não está). Pausa. Talvez eu tenha que escrever (da mesma forma que comecei na primeira página, a partir de algo que supus saber um bocadinho, extraindo da minha experiência-análise pessoal e de outros intérpretes-observadores da vida, que, na verdade, descobri mais um tanto no processo e descobrirei mais um algo com vocês) um capítulo à parte sobre a minha história de vida, para já. Ponto final. Começa de novo no seguinte.

CAPÍTULO 3

Por onde começo?

Por onde começo? Posso dizer? Estou amando escrever isso daqui que não tem nome (pode ser de fato um livro, pode chegar a nunca ser lido por alguém). Por que nunca fiz antes? Com certeza vai ser temática num próximo encontro terapêutico ou nalguma troca por aí. É engraçado como constantemente ainda esbarro em algumas repressões internas. O livro como um exercício de libertação de amarras e crenças limitantes. E ainda assim sempre aprendendo sobre as infinitas vertentes da liberdade (será isso até o final da vida? Ou quem sabe até o próximo e novo sistema de cooperação social... quero crer mais nisso). Bom, e daí entra minha vida pessoal. Livro aberto de Analu. Não acho que eu consiga compartilhar tudo o que já fui na bolha que nasci, até porque toda história é feita de perspectivas e talvez outras pessoas (meus pais) a contem numa outra versão. Mas de fato iremos concordar que a liberdade no meu caminho foi aprendida, conquistada.

Como muitos de nós, inseridos numa sociedade com estrutura de poderes, também vivenciei todas as estratificações possíveis, ora fui oprimida pelo contexto machista, ora fui opressora de mulheres pretas (só lendo Bell Hooks tomei consciência de que brancas oprimem). E daí, por mais que minha história seja uma experiência específica, há o que ninguém vivenciou e o que todo mundo já. Exemplificando, com toquezinho de realismo. Em dezembro de 2022 eu fiz um retiro de silêncio, o *Vipassana*. 10 horas de meditação por dia e zero estímulo externo de literatura, dança, exercícios, escrita, televisão, música, telefone (muito resumidamente). Durante 10 dias o inconsciente foi bastante estimulado e todes, sem exceção, tivemos um mesmo sonho (sonho, o terreno fértil do inconsciente, sem filtro, segundo Freud). Todes nós sonhamos que uma pessoa muito importante para cada um havia falecido enquanto estávamos no retiro. Todes experimentamos sensação de medo, culpa, tristeza, arrependimento (espécies, tipos de prisões). Todes experimentamos sensações de objetificação nas relações humanas. Hoje, olhando para aquilo que aconteceu, enquanto escrevo, reflito que por crescermos inseridos num contexto conturbado sobre a liberdade, experimentamos ali (e não só ali) sofrimento pautado na forma de pensar prejudicial desta liberdade capitalista da posse, do desejo de possuir coisas e pessoas sempre atribuídos a uma falta. Falta algo, alguém, falta muito o tempo todo. A sensação de perda a todo instante. *Fear of missing out* (FOMO). Quando a liberdade está exatamente na ausência de sofrimentos e insatisfações. A consciência possessiva de transformar qualquer coisa em objeto de domínio, em poder de compra, escancara a falsa liberdade. A falsa liberdade, que Paulo Freire tanto escreve sobre, do opressor que se nutre da miséria aprisionadora para manter a injusta ordem social. Restaurar a liberdade é restaurar o processo de humanização.

O ocorrido no *Vipassana* casa bem com o que digo sobre todes vivenciarmos um contexto repleto de aprisionamentos. A mente humana não trabalha de uma mesma forma padrão à toa. Tem um tanto sendo produzido pelo sistema no nosso pensar. E quando escrevo sobre a minha história de vida, escrevo de muites. Minha vida, nossa história. Um mesmo pensamento.

CAPÍTULO 4

O livro começa cerca de uma semana atrás

O livro começa cerca de uma semana atrás (daqui falo de maio de 2023) quando escrevia sobre a pessoa que ainda quero ser no caderninho que uma prima me confiou em dezembro de 2022. *A kind of magic* estava intitulado. Complementou enquanto me entregava: "Aninha, esse caderno foi meu. Arranquei as páginas em que um dia escrevi. Nele coloquei objetivos para o ano que passou. Na medida que aconteciam, os riscava. Quero te abençoar. Tudo o que você gostaria de alcançar, escreva. 2023 vai ser o melhor ano da sua vida". Ela vive na Irlanda. Tudo por lá é muito mágico, cultua-se, 'cultura-se' o misterioso. Gosto da ideia de sonhar, de ver magia na/da vida. Amo crer, acreditar, esperançar. De abraçar os sonhos das outras pessoas como se fossem meus e estimulá-las a germinar, crescer. Facilitar (principalmente sonhos). E cresço também. Afinal, mais do que colocar energia e motivação, o simples fato de esperançar é instrumento potente de luta e transformação. Ela me pegou ali. Naquela fala despretensiosa sobre o direito à liberdade de sonhar. E como liberdade é direito. Direito é liberdade. Conceituo mais, depois dos pontos e vírgulas, numa construção inacabada, novamente, que o direito é "sempre" uma liberdade. Direito a ter direitos. Liberdade a ter liberdades. Liberdade de escolher a consequência. A retórica infinita de como ser livre é essa expansão.

Tive muita dificuldade de delimitar meu planejamento naquele caderninho. Já faz um tempo que não mais elenco coisas, mas palavras que quero melhorar (para longe, bem longe do materialismo e com doses cavalares de desapego, mesmo que sangrando por vezes para apanhar a todo custo o 'insegurável', 'inagarrável', mas um dia após o outro mais perto de entender a realidade pelo ponto de vista de outro materialismo, o histórico).

Mas saiu. Meses depois. 5 meses depois. Saiu. Semana passada. E estava lá marcado. "Escrever um livro que não de pesquisa". "Correlacionar posturas individuais, amor, liberdade e política". "Ser influenciável com vida e política, mas no conceito desconstruído" (bem longe - de novo - do território do algoritmo dos *influencers*, que muito lucra, onde se brinca, se destrói e ao mesmo tempo, insanamente, enjaula e se alimenta o ego. Afinal, por que e para quem o sistema está querendo nos alimentar?).

CAPÍTULO 5

O livro está nascendo

O livro está nascendo. Então é isto. Isso. Isso de entender tudo junto, amor, liberdade, área pessoal, área profissional, foi um despertar relativamente recente para mim. O meu modo de fazer para chegar até aqui (com certeza não necessariamente o único caminho) foi: descobri sobre interseção de conteúdos políticos vitais em *Se quiser mudar o mundo*, de Sabrina Fernandes, e depois entendi sobre o conceito do amor-coletivo-político (esse conceito é meu) não abstrato lendo *All about love*, de Bell Hooks. Teve também muito conteúdo de psicologia, psiquiatria, Freud (não que eu alinhe com tudo dele. Freud foi importante para a sua época, a base da psicanálise até hoje, mas teve análises um bocado sexistas. Há outras coisas que também escapam a Freud, por exemplo, recorte de cor. Mas leio e o percebo no que é importante na psicologia e complemento com mais um tanto, física quântica, astrologia, numerologia e outros sincretismos. Aliás, ampliar horizontes vale para tudo na vida, em respeito a tal da liberdade da autonomia reflexiva, afinal ela reside aí) e outros trocentos vídeos, textos de pessoas (haja material ao longo de bons anos - que já nem sei determinar, elencar e quantificar - nem sempre lendo efetivamente, às vezes experimentando palavras, às vezes, atos na escola da vida). Faltavam leituras sobre a liberdade. Comentei algumas vezes com amigos sobre esta falta até ter certeza de que alguém precisa conceituar melhor a liberdade fora do liberalismo econômico (não acho que ainda seja eu essa pessoa, isso daqui é só um teste, desabafo, quem sabe um estímulo para a porta que abro para outres, ou que já abriram para mim). E isso, mesmo lendo muitas vezes literatura de ideologias de esquerda. Mas também era de se expectar, já que o liberalismo econômico guia a ação da maioria dos agentes políticos no mundo, sobretudo o pensamento neoliberal em que tudo é "possível" e aparentemente não há barreiras. Pensamento também base da desigualdade social que é fruto-resultado de pelo menos 3 estruturas de tecnologias sociais: neoliberalismo, capitalismo, imperialismo. Normalmente os sistemas político e econômico são tratados com separação, e com maior avaliação de importância: o econômico. Quando deveriam ser desenvolvidos juntos. Resultado: o capital-econômico que molda tudo, não só as relações econômicas, mas principalmente as relações sociais, tem também influência nas bases ideológicas de outros (e atualmente todos) sistemas político-econômicos ainda que de esquerda (ninguém fala sobre isso, eu arrisco). Doce (amarga) ilusão.

E daqui discorremos ilusão. A ilusão de que a liberdade pode ser precificada através da aquisição de habitação própria, geladeiras, televisores, celulares, veículos, sob a frágil crença de que detemos direitos políticos e econômicos, quando uma maioria (África subsaariana, por exemplo) ainda sub(ex)siste com 1 dólar por dia ocupada demais (como podem, mesmo, ser livres?) tentando sobreviver. 70% dos países democráticos no mundo são iliberais no sentido que não possuem liberdade de fala, liberdade de movimento. A liberdade está declinando cada dia mais, e isso são dados dos últimos 7 anos. Aliás, essas não são falas minhas. Assistam Dambisa Moyo, que estuda-defende a liberdade como importante base integrante para o desenvolvimento de melhores sistemas político-econômicos e garante que existem meios, sim, de desenvolvermos sistemas mais sustentáveis no caminho da liberdade. Bom, daqui começa também toda uma reflexão.

Será mesmo que tudo é possível no capitalismo e não há barreiras ou há manipulação de interesses econômicos e jogos de poderes por detrás da bandeira *freedom way of life*?

No lado diametralmente oposto há sim a possibilidade de desenvolver a liberdade no seu sentido de fato, como nas ideias pautadas no direito a uma cidade sustentável onde a coexistência está fundamentada na co-vitalidade, co-mobilidade, co-tantos outros termos, conceitos que apostam as fichas na qualidade das relações e procuram superar dualidades como urbano-rural, cidade-natureza, feminino-masculino, preto-branco. E na verdade, nessa de dualismo e opostos que não dialogam, nada mais se traduzem do que na segregação, em lógicas de proximidade *versus* lógica de afastamento. Não é preciso muito para percebermos que a lógica de afastamento lidera essa disputa do modelo capitalista competidor e hostil que vivenciamos.

Liberdade entende as emoções, valoriza o bem-estar, cria oportunidade para todos. Liberdade é, na mais simples das definições, possibilidades, o direito de ter escolhas. E, sinceramente, não temos escolhas. Não temos escolha do que consumimos, e aqui digo inclusive sobre controle de conteúdo e a cultura do "só existimos e temos valor atrás de uma tela". O *like* das redes sociais não é o melhor exemplo de aprisionamento velado?

Liberdade é um local de respeito, onde as vantagens são recíprocas entre todos os sujeitos envolvidos, porque ali há como base a dignidade humana, que se mantém como valor de referência. Harmonicamente coopera-se. A liberdade é mútua. A liberdade é paz. A liberdade é voz. Liberdade é conjunta, indissociável, inseparável. Eu só sou livre se você é livre. "A liberdade é condição inseparável da condição humana", Hannah Arendt. Liberdade é criar condições para que grupos sociais que estão à beira de um colapso - e sobrevivem (apenas sobrevivem) - possam desfrutar destes: respeito e dignidade.

É que no final temos todos medo dessa tal liberdade do sistema, porque de fato o sistema não deseja a nossa liberdade. Temos medo é dessa liberdade fajuta, não a liberdade como ela é. Não a liberdade como deveria ser. Essa liberdade econômica leva ao isolamento, ao individualismo e não considera o fator humanidade. E como humanistas temos que nos interessar pela condição humana em vez de nos prendermos, por exemplo, a uma ideia pronta e acabada recheada de preceitos quadrados. Rousseau em *O contrato social* lamenta: "o homem nasceu livre e em toda a parte vive acorrentado".

Onde estão todas as liberdades, desde as (aparentemente) mais simples, como o direito de se transportar, onde visivelmente é possível materializar o movimento livre, até a liberdade do direito de necessidades básicas (complexamente) e um pouco menos (in)tangível? Onde estão as liberdades quando tantas pessoas não conseguem pagar por elas? Pagar pelo transporte público, pagar pelo alimento, pagar, pagar. Falar sobre liberdade para os pobres (sim, escolhi dizer "pobre" na terminologia menos técnica, mais simples, mesmo, que é universal a todos que leem), onde tudo é perda. Para quem não tem liberdade de pagar, sobretudo, porque sempre que pagam por algo perdem a oportunidade de comprar outra coisa que não aquilo que é mais urgente. Os pobres estão constantemente perdendo. E onde há perdas, faltas, a liberdade não faz morada.

O pobre não tem nada a oferecer ao capitalismo, por isso é rejeitado. As pessoas em situação de rua são tolhidas no seu direito de ir e vir quando são alvos de políticas de higienização dos espaços públicos. "Aqui não podem ficar". O turista na qualidade de consumidor é "bem-vindo". Ao pobre imigrante oferecem muros, (controle de) fronteiras são erguidas. A liberdade depende *para quem*.

É impossível associar o capitalismo com liberdade. O capitalismo nega a noção de liberdade. O capitalismo é um sistema socioeconômico de exploração que sempre esteve ligado historicamente ao racismo, sexismo, machismo, escravagismo, feminização da pobreza (a pobreza é o principal efeito do capitalismo sobre a vida das mulheres). Por exemplo, o escravagismo em tempos modernos (para não pecar e dar a entender que já está ultrapassado, é sim moderno), na Nigéria, esteve/está mascarado na regulação de taxas de procriação para reduzir o número da população "exigente", "indisciplinada". Promover crescimento ou redução populacional por parte do Estado sempre comunicou manipulação e/ou destruição massiva de vidas, como ocorre no modelo escravocrata (onde esta subtração é mais evidente) e correlaciona-se com a produção de lucro (um pouco mais dificilmente visível), porque: "vida", "corpo" e "força de trabalho" estão entrelaçados como sinônimos no sistema de capital humano e só podem ser possuídos/alcançados, na verdade, com violência. É assim que a violência se "transforma" em força produtiva. Eis o ciclo motor. Liberdade é antônimo de coerção, cerceamento, encarceramento, perseguição, poder, dominação, agressão, perda de direitos. E a miséria é sinônimo-fonte de muita infelicidade. Elimine toda injustiça, desigualdade social e em consequência automática a felicidade livre reina. A infelicidade é estrutural.

CAPÍTULO 6

Vinte e tantas páginas se foram, habemus um livro

Vinte e tantas páginas se foram, *habemus* um livro. *Habemus* (do latim e juridiquês "temos") o fim de uma reflexão curta. *Habemus* estímulo para outras reflexões. A dos próximos. A de vocês. E não por coincidência são todas as escritas. Há intenção em cada porquê. A minha escrita aqui está repleta de significados. Leia e releia. Eu reli, interpretei e refleti algumas vezes sem perder o fluxo. Isso em poucas horas enquanto escrevo. Uma noite (para ser mais precisa). Comece relendo como uma caça-de-palavras-específicas. E escrevo sabendo da importância de cada palavra aqui e ao longo do meu caminho de desconstrução e reconstrução (estou longe de ser algum tipo de referência). Também da importância que é apontar aspectos da vida pessoal nos seus diversos desafios, conceitos e significados, correlacionados com a política, como deveriam ser (não por acaso eu escrevi um bocadinho do meu repertório pessoal). Poucos escrevem sobre isso. Senti falta. Escrevo para (a falta) não sentir mais. Escrevo sabendo que a liberdade assusta muites. Ela me assustou um dia. Escrevo a necessidade de ser(mos) um guia de bolso (como esse pequenininho que folheiam) para nos lembrar, como se fôssemos um dicionário do bê-á-bá, daquilo que não aprendemos quando crianças. Peguem daqui as coisas que servirem para vocês. Sabendo que o necessário é nos desfazermos. Sem prisões, perdas e opressões. E que daqui, a partir daqui, decidimos ser liberdade, com veracidade, sem grandes consequências.

REFERÊNCIAS

Pela primeira vez sem referenciar autores, num exercício completo de devaneios, de exatamente escrever como penso com liberdade (sem apagar, sem procurar erros de português, sem fiscalizar normas da ABNT/Harvard, sem comedidas, nua e crua, um sopro só, escrita que começa e acaba sem pausa com vinte e tantas páginas, que é quando dizem que se tem um livro), ainda que, claro, influenciada por bibliografias, e aqui digo: muito mais determinada por escritores desconhecidos que ainda nem sequer se reconheceram como tais. E a esses aproveito o espaço para agradecimento. Pessoas que me presentearam com livros, trocas e tempo de qualidade, com frases, toques e despertares de mentalidades e que mudou o curso para este ponto de escrita. Vocês sabem quem são. E, caso se perguntem se sim, tenham aqui essa certeza.

SEGUNDA PARTE

CAPÍTULO 7

Você vai publicar o livro?

"Você vai publicar o livro?", minha terapeuta perguntou, depois de eu contar que afinal tinha seguido o seu conselho. A sessão iniciou. Não sei. Confundi. Descobri que na verdade um livro deve ter um mínimo de páginas, mas não vinte e tantas (não sei. De que *site* tirei esta informação?). Naquela noite escrevi por impulso. Ainda que me julgassem. Não me importaria. Agora que me pergunta. Não sei. Pedi para uma amiga ler. Quem sabe?

O exercício de materializar um livro me abriu os olhos para algo que já enxergava. Disse (não necessariamente com essas palavras, ainda continuo a absorver). Ao que me parece sou capaz de me apossar do direito à liberdade de escrever, do direito à liberdade de escrever errado, qualquer coisa e ter razão (ou não ter e me responsabilizar pelo que digo, a tal da consequência). Tomar posse, mesmo. Com coragem. De novo, quantas vezes forem necessárias. Ao que me parece sou capaz de me expressar na minha inteira essência (sem receios) e através desta expressão manifestar toda a minha revolta pelo mundo avesso. A liberdade é implacável.

Sei lá. Há sempre uma possibilidade de manifestar

um mundo melhor. Ah! Se a liberdade não é isso. Ah! A liberdade das possibilidades.

Repetia frases como se tivesse acabado de descobri-las. Sentia como se compartilhar minhas vivências, minhas reflexões, inspiraria outras pessoas.

Existe algo inspirador na resiliência leve e livre. Talvez eu inspire. Pessoas livres libertam pessoas. Há tanta gente que me inspirou dentro de mim. Mulheres. Déborah. Andréia, Rúbia, Bela, Marina. E de fato eu acredito que vislumbrar a liberdade como hoje enxergo e como muita gente me ensinou a alcançar (um bocadinho ali, outro aqui) foi importante e, sei lá, esse meu exemplo pode 'ensinar'. Posso ensinar. Parece maluco ou mesmo pretensioso sonhar que é possível apontar as habilidades ou os processos que poderíamos implementar, mais do que individualmente, coletivamente, e que nos preparariam melhor para enfrentar esse mundão (escrevo de novo: avesso).

Eu consigo perceber uma diferença geracional nessas habilidades, claro. Respondi as indagações da sessão. A nossa geração descendente é mais consciente. E mais resiliente do que as anteriores. Arriscaria a dizer isso, sem muitas provas. Constatações de gentes com quem tenho esbarrado. Gentes tentando gerar senso de trabalho, vida e tudo que existe entre. E esse poder das possibilidades (e não o poder da força) vem com experiências e perspectivas mais humanizadas. Poder de ser aprendido e poder de ser ensinado com posturas, leituras, escutas, livros, atos.

Entre todos os “super” poderes que poderíamos escolher desenvolver, nesse momento da história da humanidade, com certeza, a resiliência ao livre tem a sua maior prioridade.

É, a liberdade é mesmo implacável. Agora, sim. Retorno ao livro. Não são só vinte e tantas páginas, afinal. Tem muito mais alguns algos para serem refletidos. Talvez espere um *feedback* da minha amiga Raquel. Mas continuo.

CAPÍTULO 8

Enquanto a minha amiga não termina de ler o rascunho

Enquanto a minha amiga não termina de ler o rascunho, várias constatações se acumulam em forma de reflexão. Preciso voltar a escrever.

São ideias soltas. Penso. Talvez quebre o fluxo do que estava a ser. Melhor não. Penso de novo. Mas o que somos nós senão a constituição de expressões livres, o entrelaço de pensamentos que vagueiam e se encaixam. Criar escrita é como um pássaro sem plano de voo. Voa sempre que necessário, em busca de palavras impulsionadas por um norte-propósito-missão. É isso. Não há contrafluxo de caminhos-trajetos quando apontamos contra a ordem opressora. Paro, penso, descarrego. Palavras soltas. Sim. Elas se encaixam perfeitamente neste livro.

Sem vírgulas. Sem voltar. Sem corrigir. Começo.

Começo aqui. A liberdade deveria ser simples. Liberdade é não sofrer violência e ponto final. Descrita na abolição de todas as formas de cativeiro e exploração. Liberdade deveria ser um movimento coletivo participativo que busca uma nova forma de pensar e ser. Liberdade é o direito completo de viver e pronto.

A liberdade deveria nos convidar a criar um mundo radicalmente diferente: sem relações de poder, sem Estados carcerários, sem supremacia branca, sem criminalização de pessoas pretas, sem patriarcado, sem políticas imperialistas.

Começo de novo. Sem apagar. É que enfrentar o medo de confrontar o poder não é "mérito" de poucos, mas "condição" de todes. Ter coragem continua a ser agenda diária para todas as mulheres, por exemplo. Impactante pensar que quanto mais mulheres ascendem à liberdade, mais as taxas de divórcio aumentam. Ainda que o modelo de opressão, ainda que essa construção social dominante nos diga que responder, retrucar, atrever a discordar, ter opinião própria, falar de igual para igual é de mau tom, deseducado. O feminismo na história e nas suas diversas vertentes/ondas sempre esteve associado à procura de liberdade: um grupo oprimido que denunciava/denuncia falta de estatuto social, abolição da escravatura, alvo de segregação social contra mulheres, nasce e se constitui até hoje sob muita peleja.

Continuo. Lutar. Mas, como pensar fora dos vértices apertadíssimos dos aprisionamentos se constantemente nos deparamos com figuras disfuncionais de autoridade a quem devemos obediência (pais, instituições, chefes, religiões)? Sei que a religiosidade é tema não consensual e não deixo de enaltecer a minha espiritualidade quando pontuo que há estruturas hierarquizadas e punitivas nas formas religiosas marcadas ora por rituais de penitências, ora de absolvição que aspiram na verdade controle social. Infelizmente pesam e são mais facilmente disseminadas e aceitas socialmente num contexto em que o liberalismo econômico mais promove, mesmo, ansiedade generalizada. Superar qualquer estrutura, principalmente nas crenças limitantes, é libertatório.

Ah! E tem mais. A nossa vida espiritual-pessoal é política, sim. ORA, se no nosso trabalho, na vida amorosa, familiar, amizades, lidamos com racismo, machismo, xenofobia, dominação (já que são "tecnologias" da desigualdade social), lidamos, consequentemente, com resistência (ou pelo menos deveríamos lidar). ORA, transitar do silêncio para a fala é um gesto desafiador, entretanto de cura rumo à libertação. ORA, amor é lutar. Somos a favor de algo se formos contra algo (li em algum lugar). Somos a favor do amor se formos contra o ódio. Somos a favor da inclusão se formos contra a exclusão. Esse confronto é na verdade conformidade. ORA, saber é libertador (a não ser que o conhecimento seja controlado). Educação como prática da liberdade. Enquanto a cultura oriental não luta para deter sabedoria (educação por lá é compartilhada com conformidade), por outro lado (do mundo) a ciência e estética ocidental tendem à brutalidade. É que onde se ocidentaliza há sempre influência de estereótipos racistas opressores (a permanente prática escravagista). ORA, se a colonização não foi/é isso. ORA, se a tentativa de comprimir pensamentos, manifestações é colonizar o diálogo, o outro. ORA.

E mais. É que a educação política é enfraquecida na medida em que os interesses do capitalismo incentivam os estudantes a olharem o conhecimento apenas como meio de alcançar acumulação individual e material. Nesta lógica, nem mesmo a academia (local com o qual me decepcionei diversas vezes e isso precisa ser pontuado) estimula reflexão sobre o potencial revolucionário do pensamento crítico, da valorização de ideologias que deveriam gerar impacto social (do bom). O pensamento livre é um excelente laboratório de testes em ebulição em que as inquietações são propulsoras de ensaio que podem transformar realidades. Não por acaso.

Aliás. Ganhar dinheiro é consequência de um conjunto de habilidades que nem todo mundo pode alcançar nas estruturas de poder. O caminho para a riqueza não passa de boas posições (na pirâmide), e não de bons "empregos" (como se imagina). O caminho para riqueza financeira nada tem a ver com liberdade. Até porque ninguém tem de fato, ninguém alcança, liberdade através da riqueza. É claro que quem "possui" (que contraditório) ausência de dinheiro não tem liberdade financeira. Mas a crença de que se atinge liberdade através da acumulação de riqueza é fajuta. O sistema liberal é maior do que a própria liberdade. Porque o sistema é tão grandalhão que estrangula a liberdade e não promove liberdade (mas ninguém está preparado para encarar essa conversa).

Mais? A liberdade é negada para exercer controle e manifestar domínio sobre vidas. Formas mais claras disto: guerras, onde se exerce o direito à liberdade de matar com consequências devastadoras. Aqui facilmente vislumbramos a falsa liberdade maquiada: no controle à vida, à morte e ao corpo através de massacres, sob a bandeira da ordem libertária a ser estabelecida (que na realidade, perpetua a manutenção do poder). Medidas duras em nome de uma ordem que não produz nem garante a liberdade. Outras formas: campos de concentração (inclusive de céu aberto, como Palestina) e outros extermínios (inclui o nazismo), historicamente, são locais de produção de normas sobre corpos humanos, onde homens e mulheres perdem todas as capacidades, principalmente de autodeterminação. A escravidão é outra, em que há perda de direitos sobre o corpo e se mantém condição contraditória entre a propriedade e a liberdade da pessoa. A relação desigual é estabelecida na mesma medida da desigualdade do poder sobre a vida. O ser humano assume forma de comércio, a humanidade da pessoa é dissolvida e a vida é propriedade. Símbolos do abuso, do separativismo, da vigilância para proliferação de espaços de violência, ou melhor, para autorização de espaços de violência injusta (sem pecar no pleonasmo), de instabilidade monetária e de fragmentação espacialsocial. Formas não tão claras: a fome, a falta de moradia. São resultantes das relações de produção prioritárias e objetos de poder, manipulação. E, assim, temos muitas dúvidas sobre a liberdade. Se a liberdade ainda nem chegou a ser. A liberdade ainda não é.

Mais. Por fim. Aponto. Enquanto termino as divagações. A liberdade é possível no contrafluxo. E me recordo: "fazer o que gosta é liberdade, gostar do que faz é felicidade". Dizia a frase do bilhete do biscoito da sorte que tirei esses dias atrás num restaurante chinês em São Paulo. Simples e simbólico. Poderia passar despercebido. Mas, taí. Contrafluxo. Felicidade, trabalho e liberdade ocupando juntos a mesma folha de papel, o mesmo espaço, como prioridades da vida. Possível, perfeitamente possível. Eu sei. Eu sei porque eu vivo. Aliás, eu luto para viver isso, mesmo andando completamente na contramão, com dificuldade. Trabalho com felicidade e liberdade. Trabalho pela vida e não para viver. Trabalho de pensar. Sem romantizar o trabalho e o dinheiro. Porque não é romantizável. Nem o trabalho. Nem o dinheiro. Não se enriquece com trabalho e esforço. Ninguém enriquece de trabalho e de dinheiro, mas de pobreza do outro, de exploração do outro. A lei capitalista é severa.

É. Termino. É mesmo importante ler e pensar pela própria cabeça. Precisamos mais de confronto e menos doutrina. Precisamos mais de autoanálise e de muita comunicação, de linguagem corajosa que expresse responsabilidade coletiva. Tomara que minha amiga não demore para ler. Dessas ideias maturadas que já podem voar por aí. O mundo tem pressa.

CAPÍTULO 9

Afinal, o que é ser ativista?

Afinal, o que é ser ativista? Desde que me atribuíram esse título tenho procurado leituras, livros, cursos, pesquisas que expliquem o que de fato fazem as ativistas, como se tornar uma. E, sinceramente, achei a literatura muito escassa. Não respondem a maioria das minhas perguntas e dúvidas. Já encontrei boas reflexões, sim, claro. Outro dia escutei algo sobre como ativismo é criar, abusar da criatividade para solucionar problemas na comunidade. Achei lindo. Concordo. Mas, se fosse para eu arriscar um conceito ainda mais simplista, diria que fazer ativismo é estar na ativa. Pronto. Curto assim. Demorou a entender e perceber o minimalismo e essencialismo da própria palavra. Mas, é que não é possível delimitar o que fazem(os), a não ser pontuar que de fato fazem(os). Inclusive, não acho (e isso é achismo mesmo) que ninguém alguma vez na vida idealizou (na infância, o que ser quando crescer): vou ser ativista. Ser ativista acontece. E na maioria das vezes por acidente, como Bill Browder, que teve uma vida inteira dedicada ao corporativismo do mundo de *Wall Street* e conta no seu livro *Alerta vermelho* que, ao ser guiado por seus instintos, acabou se posicionando (não só geograficamente) na Rússia e expondo casos de corrupção do país. Ser ativista ("pimba!") depois de uma sucessão de atos em prol de um ativo, de um ativo pessoal que transmuta universal, de uma liberdade universal. O direito à liberdade de agir.

Então, em vez de vir aqui com uma receita do modo de fazer (e confesso que procurei por isso muito tempo, porque seria mais fácil seguir um manual), quero incentivar com um *comecem*. E esse é um conselho que eu posso deixar, resumido em uma ideia só: se posicionem, mesmo com medo. Comecem contrapondo urgentemente ao capitalismo (que bane a noção de liberdade), que nos atos subsequentes logo estaremos pensando num modelo alternativo. Essa com certeza é a condição *sine qua non* (mais juridiquês, desculpem) de todo ativista. Comecem e nunca deixem de ser gente que fala com gente (aliás, portanto, duas coisas).

Comecem com medo e com coragem. "O medo é o verdadeiro inimigo da liberdade", Franklin Roosevelt. O medo e a coragem não são contrários um do outro. Andam juntos. Me lembro de uma certa vez que minha terapeuta me alertou em sessão sobre algo muito singelo: não existe ausência de medo. Não só me apossei desta ideia para vida, desde então, como sempre a utilizo nas técnicas de enfrentamento quando me identifico em situações com sentimento de fobia social (diagnosticada). Não é só importante a gente lutar pelo mundo melhor que desejamos, é também imprescindível reconhecermos o espaço em que lutamos: lutamos inseridos num mundo medonho e que, por isso só, amedronta. É importante o posicionamento para não deixarmos que outros (pessoas, circunstâncias) desviem o percurso, ditem o como deve ser. Mas não deixar o medo interferir, estagnar, tem a sua relevância. Lutem com inquietude, lado a lado com o pavor. Lutem com atrevimento, lado a lado com o temor. Lutem com audácia, lado a lado com os perigos (próprios do mundo que é sistemicamente inseguro). Afinal, não há liberdade sem incertezas. Palavras de alguém que vos (no português de Portugal) fala que se arrisca muito, lado a lado com a fobia (aos prantos, que hoje mesmo chorei).

Trabalhamos, estudamos, dissipamos boa parte do tempo dentro do transporte público, lidamos com problemas sistêmicos como desemprego, violência, falta de acesso à saúde e oportunidades, carga exaustiva de mão de obra. Consumimos diariamente valores burgueses em filmes, novelas, livros, notícias, jornais, músicas. Numa rotina alienante e adoecedora, que nos dá notícia de um modelo desumanizador que não funciona há muito tempo. Pensar fora da caixa é muito além do não ter medo, é uma escolha-missão. É usar a palavra a favor da verdade, do questionamento. Ir contra o que se é esperado na normatividade. Ah, essa coragem que nos falta na era poderosa dos algoritmos. Viva a coragem!

CAPÍTULO 10

Finalmente conversei com Raquel sobre o livro

Finalmente conversei com Raquel sobre o livro. "Quel, o que você acha que não pode faltar?". Ela foi cirúrgica: "recorte de classe, gênero e raça". Respondi: "E eu não fiz isso? Não está costurado, não está, de fato. Mas está lá, não?". Quel retrucou: "Não, amiga, digo, com os seus dados, com os dados que você tem."

Engraçado que quis ao máximo fugir um bocado da pesquisa neste livro, mas é como esconder daquilo que sempre defendi: não dá para dissociar teoria, prática, experiência, epistemologia, porque o movimento revolucionário é um eterno vira, mexe e remexe, e volta e vai e retorna, aprende-se e aplica-se um tanto nos campos (campo: mão na massa e campo: investigação) e daí se espalha, multiplica.

Raquel estava certa naquilo que queria me sensibilizar: tenho experiência, experimento de sobra para simplesmente não compartilhar por receio de ser bombardeada com questionamentos sobre a fiabilidade.

Contínua na sua sabedoria, continuou a me estimular. Conversamos sobre a falta de liberdade na ausência de dinheiro, comparando o caso de Roberto

Jefferson, que teve sua liberdade física facilmente adquirida com a interposição de um Agravo Regimental depois de disparar 50 vezes e atirar granadas contra policiais federais, e o caso de Rafael Braga, catador de recicláveis, único condenado nos protestos do Brasil em 2013, após indícios notórios de falha processual, abuso de autoridade, aporofobia (aversão ao pobre) e racismo, por carregar em sua mochila produto de limpeza, material "confundido" como artefato incendiário. Nem preciso dizer que a autonomia financeira gera qualidade de vida, mas principalmente injustiças de vidas. E a liberdade não deveria ser um privilégio.

Ela ainda me relembrou da importante interpretação terminológica da liberdade geográfica-física-financeira como um conceito só. Contou que certa vez questionou um amigo que vive em Cuba sobre a impossibilidade de ele se ausentar do território. E que ele teria devolvido para a sua irreflexão, como questionamento, se, então, ela detinha de fato o poder de sair de qualquer outro país, ainda que de sistema econômico-político diverso. "E por acaso você pode sair, transitar, se locomover? Não, não pode, porque não tem dinheiro para isso". Falsa liberdade do capitalismo. Não se banca esse deslocamento. O dinheiro é mais do que uma moeda de troca. Compra-se todos os tipos de cerceamentos. E o preço do pedágio para circularmos 'livremente' é a exploração do planeta e das pessoas.

Mais 5 minutos de diálogo e entendi. "*Ok*, não precisa continuar". São, sim, imprescindíveis os dados da minha experiência. Os dados raramente como são apresentados tocam essa violência financeira de que falávamos. Porque não há bem uma medida (muito superficialmente). Mas, que sim, deve e pode ser interpretada nas práticas de exploração (vestígios desde a época do colonialismo). E que aqui assumo a responsabilidade de dizer. Cá vão alguns, sobre grupos preteridos de liberdade: 85% das trabalhadoras indígenas na América Latina estão na informalidade, apenas 0,5% das estudantes universitárias são indígenas, apenas 16% das gestantes indígenas realizaram um número adequado de pré-natal, destas, 90% (mulheres indígenas) que habitam regiões próximas ao garimpo ilegal apresentam taxas de mercúrio acima do considerado seguro para o organismo, mais de 60% das mulheres presas no meu país não terminou o ensino fundamental, mais de 50% dessas mulheres privadas de liberdade cometeram crimes sem violência ou grave ameaça, 60% destas mesmas mulheres são pretas ou pardas solteiras (e mais de 70% delas com filhos), os presídios femininos disponibilizam em média cerca de 1,5 rolo de papel higiênico mensalmente por mulher em situação de prisão, 8 em cada 10 já substituíram o absorvente por outros itens para conter o sangue, 100% das mulheres em situação de sem-abrigo sofreram antes ou durante o contexto de rua situações de extrema violência. E assim a estatística nas entrelinhas do direito à liberdade do que se estuda no presente se aloca sempre no futuro (leia devagar). No futuro, quem sabe, serão livres.

Bom, poderia citar dados por horas, e sei que os números variam de pesquisa para pesquisa, metodologia para metodologia, ano para ano, fonte para fonte, território para território, mas que há uma certa recorrência nessas estatísticas, nesses índices, há. É como o índice de segurança que sempre anda junto com o índice de desigualdade social. Países seguros têm melhores índices de igualdade social, fato. Países perigosos têm péssimos índices de igualdade social, fato. Então, ainda que escrevendo em abril/maio de 2023, sem trazer referências (por decisão que mantenho), assumo a autoridade de dizer que a liberdade capitalista é cada dia mais (e sempre nesse movimento diminutivo) inversamente proporcional às minorias. Há classe, há cor, há etnia, há muita opressão no capitalismo, justamente porque esse é o interesse de *apartheid*. O capitalismo cerceia a liberdade por um motivo: garantir a estratificação. E por isso garantir liberdade é lutar pela alforria de classe, de cor, de gênero. O aparente direito permissivo, na verdade, é ainda mais agressivo à medida que descemos a pirâmide social. Reflitamos quais números desta violência financeira estamos, de fato, completamente conscientes para libertar, transformar?

CAPÍTULO 11

O fim

O fim. Efetivamente, o fim anunciado. Mas, claro, não acaba aqui, nunca acaba (principalmente por aqui). Mudei de ideia sobre o percurso. Ninguém mais me lê antes de o livro ser efetivamente publicado. Em vez de escutar avaliação do texto de outros amigos e continuar a escrever, gosto da ideia de ser essa uma versão infinitamente inacabada em que pessoas (todes e quaisquer) também escrevam comigo. Juntes. O tal lance comunitário. Interativo. Pronto. Por que não? Por que não ter uma parte em branco para que você que me folheia, ou vocês que me folheiam, possa reescrever, adicionar palavras, trocar por sinônimos, antônimos, redesenhar com libertinagem? E para que participem, se assim facultarem, deste exercício de recolhimento (se a leitura não é isso). Ficarei imensamente feliz de repensar e expandir horizontes também, nessa troca que é sempre dual. Se assim desejarem, me enviem cópias do que recodificaram para o e-mail *liberdadeeconsequencia@gmail.com*. E assim teremos um nós-todo trabalhando por um conceito, ao mesmo tempo em que se abraça o grande ponto de vista do outro. Prometo fazer disto um movimento coletivo pela liberdade, sem cessar. Quem sabe uma segunda edição?

O que escrevo aqui pode ser tido como utópico para muites. Afinal, tudo o que ameaça um poder é visto como radical. Mesmo aos que não percebem da mesma maneira e aos que me ofereceram a oportunidade de ver o enganoso liberalismo com outros olhos, agradeço o tempo, a dedicação de leitura e a confiança depositada como uma oportunidade de olhar diferente nesse rabisco. Aqui ofereci as minhas melhores palavras, a minha busca pela verdade e os meus incômodos, no intuito de incentivar melhores premissas libertárias que superem apertos. O meu desejo é único e atemporal: experienciar a paz de vivermos soltos. Liberdade e consequência para todes!

CAPÍTULO 12

Vão publicar o livro

Vão publicar o livro. Finalmente encontrei uma editora. E foi assim: conversa vai, conversa vem. Novos esbarramentos. Fiz um amigo, o Roberto, numa livraria que comecei a frequentar na última temporada no Brasil, quando foi necessário pousar um pouco para cocriar um(a) importante missão-projeto social. Entre dicas literárias aqui e ali, comentei sobre o meu livro fresquinho. "Eu posso ler". Roberto se prontificou. "Tem potencial para ser publicado", complementou. "Você acha mesmo?". Pensei-falei em voz alta. Pontuou. "Claro, eu também escrevo. E você escreve". Entre indicações e incentivos. "Vou ligar a um conhecido". Pronto. Contato aqui, outro ali. Processo super fluido e espontâneo cheguei até a editora Quixote+DO. Se então aquele não era mesmo o fim, era bom me apressar para elaborar as últimas palavras. O que falta? O que falta? O que falta: Já sei. Terminar pelo começo.

Bom. Retorno. Releio. Reflito. E então...

Indagações finais. O que deveria ser a liberdade, afinal? Ausência de amarras físicas e mentais? É mesmo um conceito abstrato? Entender e praticar liberdade exige mesmo uma certa atenção, profundidade, ou é de fato um conceito utópico inatingível? Ou quando falamos de liberdade, falamos sobre tantas outras palavras importantes conexas e mais conceitualmente simples, como, por exemplo, o sentimento de identidade, de ser, simplesmente ser, que liberta? O conceito de liberdade se relaciona com o nosso senso de lugar no mundo?

Ah, o conceito de liberdade pode estar (estado, fase) complexo, hoje (e ontem) na sociedade. Mas foi, é um conceito fundamental bastante estudado na sociologia, filosofia e psicologia há tempos. Décadas. E isto falta. Aqui. Na falta do porquê, comecei a escrever. No dia que Raquel me acendeu para a falta de entrelaço conceitual.

Na falta. Retomo. Registro.

Na falta. Na sociologia a liberdade foi/é observada como sendo a capacidade de agir, de tomar decisões de forma autônoma, mas também a inclui como a habilidade de buscar apoio e cooperação quando necessário, e isto é dizer que a liberdade traz com ela segurança e apoio emocional essencial. A liberdade é um tema intrínseco à natureza humana, para os sociólogos. Quando nos sentimos livres, somos capazes de construir espaços de conexão, de nos conectar com os outros, de colaborar e de construir relações mais significativas. Na liberdade, somos capazes de cultivar relações saudáveis e empoderadoras, que nos ajudam a expandir nossas perspectivas e a exercer a nossa autodeterminação, a nossa natureza de forma plena.

Mais indagações na sequência. Mas, como de fato nos autoexpressarmos se estamos expostos a formas de controle social e vigilância?

Na falta. Na psicologia a liberdade também é livre-arbítrio. É a capacidade de assumirmos nosso próprio desenvolvimento. É a nossa capacidade de moldar a nós mesmos. A liberdade não é fazer o que quisermos, isso é mito. É onde encontramos apoio, amor e compreensão. Verdade. É onde aprendemos a compartilhar e a crescer juntos. Verdade. Mas, para isto há respeito, há responsabilidade. A liberdade nos permite expressar quem realmente somos. Verdade. Temos o poder de fazer escolhas que nos deixam felizes, de seguir nossos sonhos e de viver de acordo com nossos valores mais profundos. Verdade. Mas equilibrada com as responsabilidades sociais. Por isso, para cada ação, decisão, escolha, uma consequência. Coerente. A liberdade se relaciona essencialmente com a moralidade e por isso com a consequência. Pela e para a liberdade o ser humano é dono de seus próprios atos e é desta forma que tem domínio de si mesmo, que se autodetermina e se automanifesta. Liberdade é característico de cada pessoa. Todo ser tem uma capacidade potente de decisão que faz com que seja dono do seu presente, futuro, ainda que diante das consequências. Por isso a liberdade se relaciona essencialmente com a moral. Por isso, principalmente, praticar a liberdade é essencialmente executar ações eticamente responsáveis.

Na falta. Na filosofia a liberdade também é espontaneidade. Para o filósofo René Descartes, age com naturalidade e, portanto, com liberdade quem compreende as alternativas de escolha. Quanto mais evidentemente verdadeira for uma alternativa, maiores as chances de ela ser escolhida. E onde não existe acesso à informação, não existe, portanto, opção.

Pauso o raciocínio. Mais questionamentos. Como falar de liberdade num mundo onde há controle no acesso à informação?

Volto. Para Leibniz, deter liberdade é praticar uma ação refletida, porque nela o homem ao deter o direito à liberdade de refletir pode conhecer os motivos pelos quais age no mundo e, uma vez conhecendo-os, lida com eles de maneira livre.

Para Sartre, liberdade é necessariamente social, só pode ser concretizada em sociedade, nunca em isolamento, por isso jamais o outro é obstáculo à liberdade, mas parte imprescindível dela. A liberdade não é dual (eu ou você), mas conjunta (eu e você). Assim, a liberdade só (unicamente) serve(irá) como revolta do indivíduo contra o autoritarismo do outro.

Karl Marx entende a liberdade humana como a constante criação pelos indivíduos de circunstâncias nas quais desabrocham suas faculdades, sentidos, aptidões artísticas, sensoriais. Marx já proclamava: se no capitalismo as condições básicas de existência são propriedade privada de outra pessoa, não há verdadeira liberdade. A atividade "produtiva" como acontece é por si só coerção, porque as faculdades, habilidades e aptidões humanas são mercadoria, força de trabalho. E o homem não é objeto, é sujeito.

E se tudo se reduz à matéria, acumulação, não existe consciência nem moral, e, portanto, não há liberdade. Qual é, então, de fato, o fundamento da liberdade no capitalismo?

A iliberdade humana revela-se na angústia. O homem angustia-se diante de sua condenação à iliberdade. O homem não é livre, está condenado a fazer escolhas irreflexivas, por isso a responsabilidade de suas escolhas parece tão opressiva, e por isso a consequência parece tão aprisionadora.

A liberdade de escolha é uma liberdade enganosa, pois "escolher" no liberalismo econômico acontece sempre numa lógica dualista, é sempre escolher entre duas coisas prontas, preconcebidas, predeterminadas pelo sistema. A vida (decisões) se divide em tempo de trabalho (não livre) e tempo de lazer (também não livre). Trabalho ou lazer? Uma sociedade capitalista, onde a única liberdade é a liberdade de escolha por mais consumismo. Assim, a sociedade da mercadoria faz da passividade (não poder escolher não consumir) a liberdade ilusória que se busca a todo o custo, enquanto, de fato, como seres controlados, jamais seremos livres.

Volto ao começo do livro. Não é a liberdade que não funciona. Complemento. É a consequência do sistema.

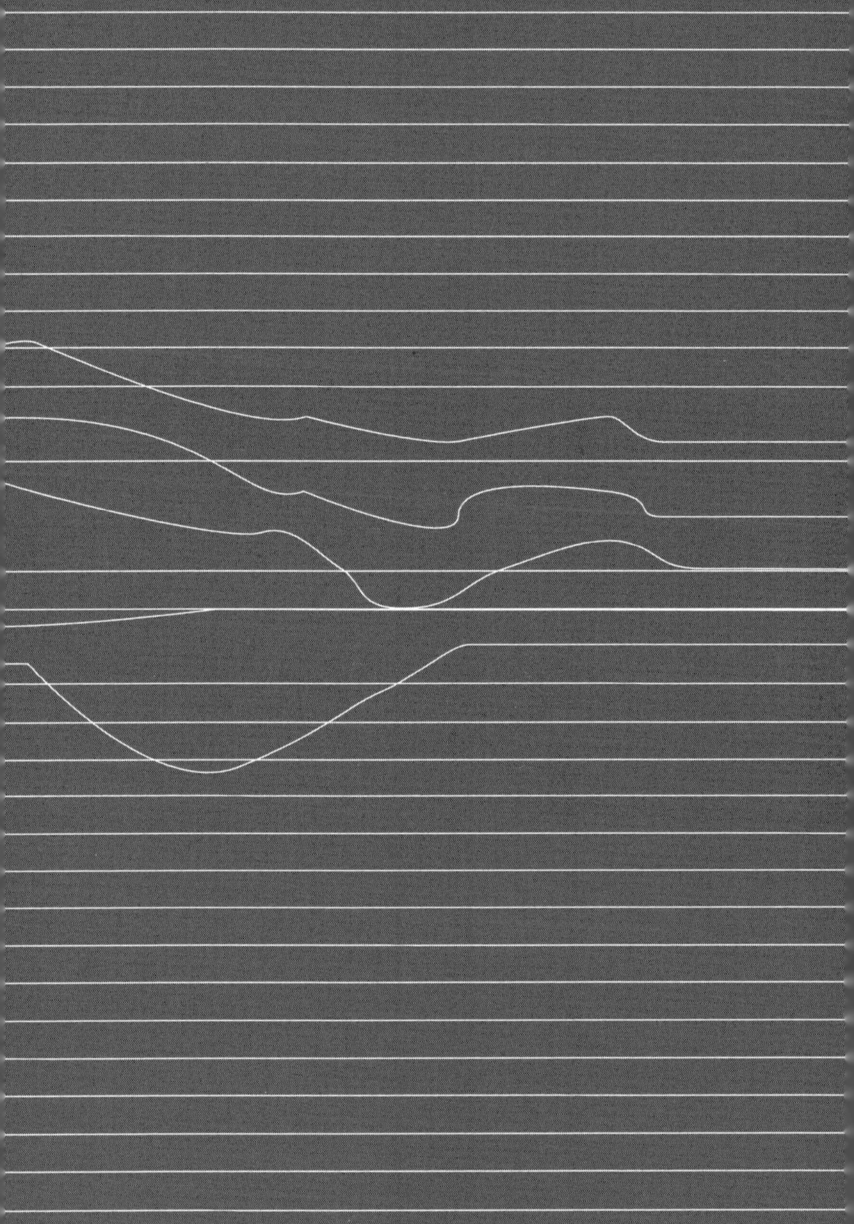

#tudocomeçanalivraria #QuixoteDo2024
#Liberdadeeconsequência

1ª edição [2024]

Esta obra foi composta com a fonte Sabon LT Std
impressa na Gráfica Formato em papel Pólen Bold 90g/m²
para a Quixote+Do Editoras Associadas.

FSC
www.fsc.org
MISTO
Papel | Apoiando o manejo florestal responsável
FSC® C092828

O miolo desse livro é feito de papel certificado FSC® e outras fontes controladas.

Selo "FSC®" – Forest Stewardship Council (Conselho de Manejo Florestal) é obtido por empresas que têm sua operação avaliada, garantindo que o papel usado na impressão é produzido de maneira ambientalmente adequada, socialmente benéfica e economicamente viável. A Formato é certificada desde junho de 2010.